O HOMEM FRENTE AO EGO

Na visão Espírita

O Homem frente ao Ego

Emerson Calejon

Published by Emerson Calejon, Sr, 2024.

O HOMEM FRENTE AO EGO

First edition. May 17, 2024.

ISBN: 979-8224853359

Written by Emerson Calejon.

Also by Emerson Calejon

A jornada de Allan Karras
A Serenidade Interior
Do outro lado das Estrelas
John River: O último desafio
Luzes e Ensinos do Plano Astral
Mensagens que Auxiliam
O Caminho
Paixões na Madrugada
Palavras que Confortam
Palavras que Libertam
Reflexões de uma Jornada
Além das Estrelas
O Declínio da Coragem
Uma História de Vida
A Gota de Chuva
O Homem frente ao Ego
Perguntas e Respostas sobre a vida Espiritual

CAPÍTULO 1

A Evolução Mental e Espiritual do Ser Humano

A Jornada Mental e Espiritual

A jornada mental e espiritual do ser humano é um processo complexo e contínuo, que envolve o desenvolvimento da consciência e a busca pela evolução pessoal e coletiva.

O Desenvolvimento da Consciência

O desenvolvimento da consciência é fundamental para a evolução do ser humano. A consciência individual refere-se à percepção e compreensão que cada indivíduo tem de si mesmo, de suas ações e do mundo ao seu redor. Já a consciência coletiva diz respeito à consciência compartilhada por um grupo, sociedade ou até mesmo pela humanidade como um todo.

Consciência Individual

A consciência individual é moldada pela experiência, pela educação, pelas interações sociais e pelo autoconhecimento. À medida que o indivíduo se torna mais consciente de suas próprias motivações, emoções e pensamentos, ele adquire maior clareza sobre sua identidade e propósito na vida.

Esse desenvolvimento da consciência individual é essencial para a tomada de decisões conscientes e responsáveis, bem como para o desenvolvimento de relações interpessoais saudáveis e significativas.

Consciência Coletiva

A consciência coletiva, por sua vez, representa a soma das consciências individuais dentro de uma sociedade ou grupo. Ela influencia a cultura, as normas sociais, as crenças e os valores compartilhados por seus membros.

À medida que a consciência coletiva evolui, ocorrem mudanças significativas na forma como a sociedade encara questões éticas, morais e sociais. A empatia, a solidariedade e a busca por justiça social são exemplos de valores que podem ser fortalecidos por meio do desenvolvimento da consciência coletiva.

Teste Seu Conhecimento

1. O que é a consciência coletiva?

   1. Representa a soma das consciências individuais dentro de uma sociedade ou grupo.
   2. É a consciência de um indivíduo em relação ao coletivo.
   3. Refere-se à consciência de um grupo seleto de pessoas.

2. Como a consciência coletiva influencia a sociedade?

   1. Influencia a cultura, as normas sociais, as crenças e os valores compartilhados por seus membros.
   2. Não tem influência na sociedade.
   3. Influencia apenas as questões políticas.

A Influência da Evolução Espiritual

A evolução espiritual está intrinsecamente ligada à jornada mental e emocional do ser humano. Ela engloba tanto a evolução pessoal, no nível individual, quanto a evolução coletiva, que impacta a humanidade como um todo.

Evolução Pessoal

A evolução pessoal espiritual envolve o desenvolvimento da compaixão, da gratidão, do amor incondicional e da busca por um propósito maior na vida. À medida que o indivíduo se conecta com sua espiritualidade, ele se torna mais consciente de sua interconexão com o universo e com todas as formas de vida.

Esse processo de evolução pessoal pode incluir práticas meditativas, reflexão interior, estudo de filosofias espirituais e a busca por experiências que promovam o crescimento interior e a expansão da consciência.

Evolução Coletiva

A evolução espiritual coletiva refere-se ao avanço da consciência da humanidade como um todo. À medida que mais indivíduos buscam o autoconhecimento e a conexão espiritual, a consciência coletiva da sociedade é elevada, promovendo mudanças positivas em escala global.

Essa evolução coletiva pode ser impulsionada por movimentos sociais, avanços na ciência e na tecnologia, bem como pela disseminação de conhecimentos e práticas espirituais que promovam a união, a compaixão e o respeito mútuo.

Retrato Biográfico

A evolução espiritual coletiva refere-se ao avanço da consciência da humanidade como um todo. À medida que mais indivíduos buscam o autoconhecimento e a conexão espiritual, a consciência coletiva da sociedade é elevada, promovendo mudanças positivas em escala global.

Essa evolução coletiva pode ser impulsionada por movimentos sociais, avanços na ciência e na tecnologia, bem como pela disseminação de conhecimentos e práticas espirituais que promovam a união, a compaixão e o respeito mútuo.

A Dualidade Humana

A dualidade humana representa a coexistência de elementos opostos, como o ego e a alma, e a busca pelo equilíbrio entre mente e espírito.

Ego e Alma

O ego é frequentemente associado à identidade individual, às necessidades pessoais e à percepção de separação em relação aos outros. Ele desempenha um papel na evolução do ser humano, pois pode servir como um impulso para a busca de realizações pessoais e para a superação de desafios.

O Papel do Ego na Evolução

O ego, quando equilibrado e integrado de forma saudável, pode impulsionar o indivíduo a buscar o autoconhecimento, a superar limitações e a desenvolver habilidades e talentos. No entanto, quando o ego se torna dominante e egocêntrico, ele pode gerar conflitos internos e externos, dificultando a evolução espiritual.

A Essência da Alma

A alma representa a essência espiritual do ser humano, conectada à fonte universal de energia e consciência. Ela transcende a individualidade e busca a expansão da consciência, a expressão do amor incondicional e a conexão com o todo.

À medida que o indivíduo reconhece e nutre a essência da alma, ele se abre para experiências de transcendência, compaixão e serviço desinteressado, contribuindo para sua evolução espiritual e para a evolução coletiva da humanidade.

Equilíbrio entre Mente e Espírito

O equilíbrio entre mente e espírito é essencial para a harmonia interna e para a integração do ser humano como um todo. A mente representa a capacidade de raciocínio, análise e tomada de decisões, enquanto o espírito engloba a dimensão emocional, intuitiva e transcendental do ser.

Harmonia Interna

A harmonia interna é alcançada quando a mente e o espírito atuam em equilíbrio, promovendo a clareza mental, a serenidade emocional e a conexão com a sabedoria interior. Esse estado de equilíbrio favorece a tomada de decisões conscientes e alinhadas com os valores espirituais do indivíduo.

Integração Mente-Corpo-Espírito

A integração mente-corpo-espírito representa a unificação das dimensões física, mental, emocional e espiritual do ser humano. Esse processo envolve a prática de hábitos saudáveis, a busca por autoconhecimento, a conexão com a natureza e a vivência de experiências que promovam o bem-estar integral.

A Evolução ao Longo da História

A evolução mental e espiritual do ser humano ao longo da história é marcada por diversos marcos e pela influência das religiões e filosofias que moldaram a visão de mundo e os valores das sociedades.

Marcos na Evolução Mental

A história da humanidade registra momentos de avanço na compreensão da mente, das emoções e da espiritualidade. Desde as antigas civilizações até os dias atuais, observa-se o desenvolvimento de conceitos e práticas que promovem a evolução mental e espiritual, como a filosofia, a psicologia, a arte e as tradições espirituais.

Influência das Religiões e Filosofias

As religiões e filosofias têm desempenhado um papel significativo na orientação da evolução mental e espiritual do ser humano. Elas oferecem ensinamentos, práticas e valores que buscam promover a compreensão da existência, o cultivo da virtude e a conexão com o divino.

Por meio de mitos, rituais, meditações e preceitos éticos, as religiões e filosofias proporcionam um caminho para a busca de significado, propósito e transcendência, influenciando a forma como os indivíduos e as sociedades compreendem a vida e a morte, o bem e o mal, a felicidade e o sofrimento.

CAPÍTULO 2

O Controle do Ego e as Recompensas Falsas

Compreendendo o Ego

O ego é uma parte fundamental da psique humana, representando a noção de si mesmo e desempenhando um papel crucial na formação da identidade individual. Sua natureza é complexa e multifacetada, influenciando a maneira como percebemos e interagimos com o mundo ao nosso redor.

A natureza do ego é muitas vezes associada à ideia de autoestima e autoimagem. É a voz interna que nos diz quem somos, o que somos capazes de realizar e como nos comparamos aos outros. No entanto, o ego também pode ser fonte de conflito interno, levando a comportamentos egocêntricos e a uma visão distorcida da realidade.

Natureza do Ego

O ego pode ser compreendido como uma construção psicológica que se desenvolve a partir da interação entre experiências individuais, influências sociais e processos cognitivos. Ele molda nossa percepção de nós mesmos e do mundo, influenciando nossas escolhas, atitudes e relacionamentos. A compreensão da natureza do ego é essencial para o desenvolvimento pessoal e espiritual, pois permite uma análise crítica de nossas motivações e comportamentos.

Manifestações do Ego

As manifestações do ego podem se apresentar de diversas formas, desde a busca por validação externa até a resistência à mudança e à crítica. O ego pode se manifestar como um desejo insaciável por reconhecimento, levando a comportamentos competitivos e narcisistas. Da mesma forma, o ego pode criar barreiras à autorreflexão e ao crescimento pessoal, mantendo-nos presos a padrões de pensamento e comportamento limitantes.

Retrato Biográfico

O ego é um aspecto fundamental da psique humana, e seu controle é essencial para o desenvolvimento pessoal e interpessoal. Compreender as manifestações do ego é o primeiro passo para alcançar um equilíbrio saudável entre a autoestima e a humildade.

Impacto das Recompensas Falsas

As recompensas falsas referem-se a gratificações superficiais que, embora possam trazer um senso temporário de satisfação, não contribuem para o bem-estar genuíno e duradouro. Elas muitas vezes estão associadas a uma ilusão de felicidade, levando as pessoas a buscar incessantemente formas de preencher um vazio emocional e espiritual.

O impacto das recompensas falsas pode ser profundo, afetando não apenas o indivíduo, mas também as relações interpessoais e a sociedade como um todo. A busca desenfreada por gratificações imediatas pode levar a um ciclo de insatisfação crônica, alimentando o ego e obscurecendo a percepção de valores e propósitos mais elevados.

Satisfação Superficial

A satisfação superficial decorrente de recompensas falsas é caracterizada pela sensação efêmera de prazer ou realização, muitas vezes desprovida de significado genuíno. Essas gratificações podem assumir diversas formas, como a busca por bens materiais, status social ou prazeres sensoriais. No entanto, a satisfação resultante é passageira e frequentemente seguida por um sentimento de vazio ou descontentamento.

Ilusão de Felicidade

A ilusão de felicidade associada às recompensas falsas é resultado da crença equivocada de que a realização pessoal e a plenitude podem ser alcançadas exclusivamente por meio de conquistas externas ou gratificações momentâneas. Essa ilusão pode criar uma dependência emocional e psicológica de estímulos externos, impedindo o desenvolvimento de uma verdadeira autoestima e contentamento interior.

CAPÍTULO 3
Influência dos Ensinamentos do Oriente
Filosofias Orientais

As filosofias orientais têm desempenhado um papel significativo na compreensão da natureza humana e na busca pela evolução espiritual. Duas das principais tradições filosóficas do Oriente, o Budismo e o Hinduísmo, oferecem insights valiosos sobre a existência humana e o caminho para a iluminação.

Budismo

O Budismo, fundado por Siddhartha Gautama, conhecido como Buda, baseia-se nos ensinamentos de compaixão, não-violência e busca pela iluminação. A essência do Budismo reside na compreensão das Quatro Nobres Verdades e na prática do Nobre Caminho Óctuplo, que inclui a correta visão, intenção, fala, conduta, meio de subsistência, esforço, atenção plena e concentração.

A filosofia budista também enfatiza a impermanência e a interconexão de todas as coisas, levando os praticantes a buscar a libertação do ciclo de sofrimento e renascimento, alcançando assim o estado de Nirvana.

Hinduísmo

O Hinduísmo, uma das mais antigas tradições religiosas do mundo, abrange uma ampla gama de crenças, práticas e rituais. Central para o Hinduísmo é a noção de dharma, ou dever moral, que orienta as ações individuais em direção à harmonia e ordem cósmica.

Além disso, o Hinduísmo reconhece a lei do karma, que sustenta que as ações de um indivíduo têm consequências, moldando assim seu destino presente e futuro. A busca pela iluminação e pela libertação do ciclo de nascimentos e mortes, conhecido como samsara, é um dos principais objetivos espirituais no Hinduísmo.

Leitura Adicional
Influência dos Ensinamentos do Oriente
Filosofias Orientais

O Hinduísmo, uma das mais antigas tradições religiosas do mundo, abrange uma ampla gama de crenças, práticas e rituais. Central para o Hinduísmo é a noção de dharma, ou dever moral, que orienta as ações individuais em direção à harmonia e ordem cósmica.

Além disso, o Hinduísmo reconhece a lei do karma, que sustenta que as ações de um indivíduo têm consequências, moldando assim seu destino presente e futuro. A busca pela iluminação e pela libertação do ciclo de nascimentos e mortes, conhecido como samsara, é um dos principais objetivos espirituais no Hinduísmo.

Princípios Chave

Além das tradições específicas, as filosofias orientais compartilham certos princípios fundamentais que têm impacto direto na compreensão do ego e na busca pela evolução espiritual. Dois desses princípios, karma e dharma, juntamente com iluminação e desapego, desempenham papéis essenciais na jornada espiritual.

Karma e Dharma

O conceito de karma, presente tanto no Budismo quanto no Hinduísmo, sugere que as ações de um indivíduo influenciam diretamente sua situação presente e futura. O karma é um princípio de causa e efeito, no qual as ações éticas e não éticas têm repercussões no destino do indivíduo, moldando assim sua jornada espiritual.

Por outro lado, o dharma, central no Hinduísmo, representa o dever moral e a ordem cósmica que sustenta o universo. Seguir o dharma significa agir de acordo com os princípios éticos e morais, cumprindo assim o propósito individual dentro do contexto mais amplo da existência.

Iluminação e Desapego

A busca pela iluminação, ou despertar espiritual, é um objetivo central nas filosofias orientais. A iluminação representa a compreensão profunda da natureza da realidade e a libertação do sofrimento humano, levando à paz interior e compaixão universal.

O desapego, por sua vez, é a prática de cultivar uma relação saudável com as experiências e posses materiais, reconhecendo a natureza transitória e ilusória do mundo fenomênico. O desapego permite que o indivíduo se liberte das amarras do ego e encontre a verdadeira liberdade espiritual.

CAPÍTULO 4

Manifestações e Comportamentos Humanos ao Longo da História

Era Pré-Cristã

A era pré-cristã foi marcada por uma diversidade de crenças e práticas que refletiam a busca do ser humano por significado e conexão com o divino. Em diferentes civilizações ao redor do mundo, observamos a presença de rituais, mitologias e sistemas de crenças que moldaram as sociedades da época.

Na Mesopotâmia, por exemplo, as civilizações sumérias e babilônicas adoravam uma variedade de deuses e deusas, cada um associado a aspectos específicos da natureza e da vida humana. Os rituais religiosos desempenhavam um papel central na vida cotidiana, buscando assegurar a fertilidade, a proteção e o favor divino.

No Egito Antigo, a adoração aos deuses como Rá, Ísis e Osíris permeava todas as esferas da sociedade. Os egípcios acreditavam na vida após a morte e desenvolveram intrincados rituais funerários e crenças sobre a passagem da alma para o além.

Além disso, na Índia Antiga, o hinduísmo e o budismo começaram a tomar forma, influenciando profundamente a visão de mundo e as práticas espirituais das pessoas. A busca pela iluminação, a reencarnação e o karma eram conceitos fundamentais que moldavam a compreensão da existência humana.

Crenças e Práticas

As crenças e práticas da era pré-cristã refletiam a tentativa do ser humano de compreender e se relacionar com o divino, a natureza e o cosmos. Os mitos e rituais desempenhavam um papel crucial na vida cotidiana, influenciando desde as atividades agrícolas até as decisões políticas e militares.

Os festivais religiosos, os sacrifícios e as orações eram formas de buscar a proteção e a bênção dos deuses, enquanto as narrativas mitológicas forneciam um arcabouço simbólico para a compreensão da origem e do propósito da existência humana.

Além disso, as práticas de adivinhação, a interpretação dos sonhos e a busca por sinais divinos eram comuns em muitas culturas, demonstrando a busca por orientação e entendimento do mundo invisível.

Desenvolvimento Social

O desenvolvimento social na era pré-cristã era fortemente influenciado pelas crenças e práticas religiosas. As estruturas de poder frequentemente se entrelaçavam com as instituições religiosas, e os líderes políticos muitas vezes eram vistos como intermediários entre os deuses e o povo.

Além disso, as narrativas mitológicas e os rituais religiosos contribuíam para a coesão social, fornecendo um senso de identidade compartilhada e valores morais que moldavam as relações interpessoais e as normas de conduta.

Por outro lado, as diferenças religiosas também podiam ser fonte de conflito e divisão, levando a guerras e disputas territoriais motivadas por crenças divergentes e pela afirmação da supremacia dos deuses locais.

Leitura Adicional

Para uma compreensão mais aprofundada sobre as manifestações e comportamentos humanos ao longo da história, recomendamos a leitura do livro "O Homem e Suas Relações com o Ego" de Sigmund Freud. Nesta obra, o autor explora as complexidades da psique humana e como ela influencia as interações sociais e culturais.

Era Cristã

O surgimento do cristianismo marcou uma transformação significativa nas manifestações e comportamentos humanos. A mensagem de Jesus Cristo e a propagação do evangelho influenciaram profundamente a visão de mundo e as práticas sociais em grande parte do mundo ocidental e, posteriormente, global.

O cristianismo trouxe consigo uma ética de amor, compaixão e perdão, desafiando as estruturas de poder estabelecidas e propondo uma nova forma de relacionamento com o divino e com o próximo. A figura de Jesus como o Messias e Salvador teve um impacto duradouro na história da humanidade.

Impacto do Cristianismo

O impacto do cristianismo pode ser observado em diversas esferas da vida humana. A ética cristã influenciou a legislação, a arte, a filosofia e a educação, promovendo valores como a dignidade humana, a justiça social e a solidariedade.

Além disso, a formação de comunidades cristãs e a disseminação da mensagem evangélica contribuíram para a criação de redes de apoio mútuo, assistência aos necessitados e promoção da igualdade entre os membros, independentemente de sua origem ou status social.

O cristianismo também desafiou as práticas religiosas e culturais existentes, muitas vezes confrontando sistemas de crenças e rituais que eram considerados incompatíveis com a nova visão de mundo centrada no amor e na redenção.

Transformações Sociais

As transformações sociais desencadeadas pelo cristianismo foram profundas e duradouras. A abolição de práticas como o infanticídio, a escravidão e os sacrifícios humanos foi um reflexo direto dos ensinamentos cristãos sobre a dignidade e o valor intrínseco de cada ser humano.

Além disso, a ênfase na caridade, na hospitalidade e na compaixão levou à criação de instituições de assistência social, hospitais, orfanatos e abrigos para os necessitados, demonstrando a preocupação prática com o bem-estar do próximo.

Por fim, o cristianismo também influenciou a arte, a arquitetura e a literatura, inspirando obras que buscavam expressar a beleza, a transcendência e a busca pelo divino, contribuindo para a formação de uma identidade cultural profundamente enraizada na tradição cristã.

CAPÍTULO 5

Os Primeiros Estágios para a Alma
Planetas em Estágio Inicial

A origem das almas está intrinsecamente ligada aos estágios iniciais dos planetas. Conforme o universo se expande e novos sistemas planetários se formam, a energia cósmica começa a se condensar e a dar origem a corpos celestes em estágio inicial. Nesses estágios, as condições ambientais e energéticas ainda estão em processo de estabilização, criando um ambiente propício para a formação das primeiras almas.

Origem das Almas

A origem das almas nos estágios iniciais dos planetas é um mistério que desafia a compreensão humana. Acredita-se que, à medida que a energia cósmica se condensa e se organiza, surgem as primeiras formas de consciência individualizada. Essas consciências, ainda em estágio rudimentar, começam a interagir com o ambiente planetário, dando início ao processo evolutivo das almas.

É importante ressaltar que a origem das almas não está limitada a um único planeta ou sistema solar. O universo é vasto e diversificado, proporcionando inúmeras oportunidades para o surgimento e desenvolvimento das almas em diferentes contextos planetários.

Características dos Planetas

Os planetas em estágio inicial apresentam características peculiares que influenciam diretamente a formação e evolução das almas. Suas atmosferas podem ser instáveis, com variações significativas de temperatura e composição química. Além disso, a atividade geológica intensa, como vulcões e terremotos, contribui para a moldagem do ambiente planetário.

Essas condições desafiadoras proporcionam um cenário único para o surgimento das almas, estimulando-as a desenvolver habilidades de adaptação e superação desde os estágios iniciais de sua existência. A interação entre as almas e o ambiente planetário molda não apenas o destino individual de cada consciência, mas também influencia a evolução do próprio planeta.

Retrato Biográfico
Nome: Os Primeiros Estágios para a Alma
Data de Nascimento: Capítulo 5: Os Primeiros Estágios para a Alma
Local de Nascimento: Planetas em Estágio Inicial
Características:

- Os planetas em estágio inicial apresentam características peculiares que influenciam diretamente a formação e evolução das almas.
- Suas atmosferas podem ser instáveis, com variações significativas de temperatura e composição química.
- A atividade geológica intensa, como vulcões e terremotos, contribui para a moldagem do ambiente planetário.

Essas condições desafiadoras proporcionam um cenário único para o surgimento das almas, estimulando-as a desenvolver habilidades de adaptação e superação desde os estágios iniciais de sua existência. A interação entre as almas e o ambiente planetário molda não apenas o destino individual de cada consciência, mas também influencia a evolução do próprio planeta.

Energia Cósmica e Almas

A interação entre a energia cósmica e as almas nos estágios iniciais de um planeta é um processo fundamental para o desenvolvimento espiritual e evolutivo. A energia cósmica, proveniente das profundezas do universo, permeia o ambiente planetário, nutrindo e sustentando as primeiras formas de consciência. Essa interação energética estabelece as bases para a formação e evolução das almas em seus estágios iniciais.

Interação Energética

A interação energética entre a energia cósmica e as almas é um fenômeno complexo que transcende as leis da física conhecidas. A energia cósmica atua como um catalisador para o despertar e a expansão da consciência, proporcionando às almas os recursos necessários para sua jornada evolutiva. Essa interação energética também desempenha um papel crucial na formação dos corpos sutis das almas, que são veículos para a expressão e manifestação de sua essência espiritual.

À medida que as almas interagem com a energia cósmica, ocorre um processo de sintonização e ressonância que as conecta às forças primordiais do universo. Essa conexão energética estabelece as bases para a compreensão e integração das leis universais, orientando as almas em sua jornada de autodescoberta e crescimento espiritual.

Formação das Almas

A formação das almas nos estágios iniciais dos planetas é um processo dinâmico e multifacetado. À medida que as almas interagem com a energia cósmica e o ambiente planetário, elas começam a desenvolver atributos e qualidades únicas que refletem suas experiências e aprendizados. Essa formação gradual das almas envolve a assimilação de conhecimentos, a superação de desafios e a expansão da consciência.

Além disso, a formação das almas está intrinsecamente ligada à evolução do próprio planeta. À medida que as almas interagem e influenciam o ambiente planetário, ocorre um processo de retroalimentação que molda tanto as almas quanto o planeta em seu conjunto. Essa inter-relação dinâmica entre as almas e o planeta estabelece as bases para a evolução conjunta de ambos, em um caminho de crescimento e expansão contínua.

CAPÍTULO 6

Planetas em Estágio Inicial e Almas Originadas da Energia Cósmica

Características dos Planetas em Estágio Inicial

Os planetas em estágio inicial são corpos celestes que passam por um processo de formação e evolução. Suas características ambientais e condições físicas são fundamentais para o desenvolvimento da vida e para a origem das almas.

Ambiente e Condições

O ambiente desses planetas é marcado por intensas atividades geológicas, como vulcões, terremotos e formações de relevo. A atmosfera pode conter altas concentrações de gases tóxicos e a superfície pode ser instável devido à falta de estabilidade geológica.

As condições climáticas variam significativamente, com temperaturas extremas e eventos meteorológicos violentos. A luz solar pode ser escassa devido a nuvens densas e a proximidade com estrelas jovens e instáveis.

Desenvolvimento da Vida

Apesar das condições adversas, a vida nos planetas em estágio inicial pode surgir em formas microscópicas e extremófilas, adaptadas às condições extremas. A evolução da vida nesses ambientes é um processo lento e desafiador, sujeito a eventos de extinção em massa e a adaptações complexas.

Você Sabia?

Apesar das condições adversas, a vida nos planetas em estágio inicial pode surgir em formas microscópicas e extremófilas, adaptadas às condições extremas. A evolução da vida nesses ambientes é um processo lento e desafiador, sujeito a eventos de extinção em massa e a adaptações complexas.

Origem e Natureza das Almas

As almas que se originam da energia cósmica têm uma ligação especial com os planetas em estágio inicial, sendo parte integrante do processo de evolução e desenvolvimento desses mundos em formação.

Energia Cósmica e Formação das Almas

A energia cósmica é a essência primordial que dá origem às almas nos estágios iniciais dos planetas. Essa energia é moldada pelas condições únicas do ambiente planetário, influenciando a natureza e as características das almas que surgem.

As almas formadas a partir dessa energia cósmica carregam consigo a resiliência e a adaptabilidade necessárias para enfrentar os desafios e contribuir para a evolução do planeta em que habitam.

Propósito das Almas nos Estágios Iniciais

O propósito das almas nos estágios iniciais dos planetas está intrinsecamente ligado à promoção da vida e ao equilíbrio ambiental. Elas desempenham papéis fundamentais na regeneração e na sustentabilidade dos ecossistemas, influenciando diretamente a evolução do planeta e a formação de condições propícias para formas de vida mais complexas.

Além disso, as almas nesses estágios iniciais têm a oportunidade de desenvolver virtudes como a resiliência, a compaixão e a cooperação, contribuindo para a construção de uma base sólida para a evolução espiritual e coletiva.

CAPÍTULO 7
Dimensões Físicas e Espirituais Correspondentes
Relação entre Dimensões Físicas e Espirituais

A relação entre as dimensões físicas e espirituais é um tema de grande interesse e complexidade. A interconexão energética entre essas dimensões é fundamental para compreender a natureza da existência e a influência do plano espiritual sobre o plano físico.

Interconexão Energética

A interconexão energética entre as dimensões físicas e espirituais é um fenômeno que transcende as leis da física tradicional. A energia que permeia o universo é a base dessa interconexão, permitindo que influências espirituais se manifestem no plano físico e vice-versa. Essa interação energética é sutil e muitas vezes imperceptível aos sentidos humanos, mas exerce um papel crucial na evolução e no equilíbrio do universo.

Os estudos sobre essa interconexão têm revelado a existência de campos energéticos que transcendem a realidade física, conectando-se a planos espirituais e possibilitando a comunicação e a influência entre essas diferentes dimensões. Essa interconexão energética é a base para compreender as manifestações espirituais na dimensão física.

Manifestações Espirituais na Dimensão Física

As manifestações espirituais na dimensão física são observadas em diversos contextos e culturas ao redor do mundo. Desde fenômenos inexplicáveis até experiências pessoais de contato com o plano espiritual, essas manifestações desafiam as explicações puramente materiais e apontam para a influência de dimensões além da nossa compreensão convencional.

Relatos de aparições, fenômenos de poltergeist, experiências de quase morte e outros eventos inexplicáveis têm levado pesquisadores a explorar a natureza dessas manifestações e sua relação com as dimensões espirituais. A compreensão desses fenômenos desafia as fronteiras do conhecimento científico e convida a uma abordagem integrada que considere tanto a dimensão física quanto a espiritual.

Leitura Adicional

Dimensões Físicas e Espirituais Correspondentes

Capítulo 7: Dimensões Físicas e Espirituais Correspondentes

Relação entre Dimensões Físicas e Espirituais

Manifestações Espirituais na Dimensão Física

As manifestações espirituais na dimensão física são observadas em diversos contextos e culturas ao redor do mundo. Desde fenômenos inexplicáveis até experiências pessoais de contato com o plano espiritual, essas manifestações desafiam as explicações puramente materiais e apontam para a influência de dimensões além da nossa compreensão convencional.

Relatos de aparições, fenômenos de poltergeist, experiências de quase morte e outros eventos inexplicáveis têm levado pesquisadores a explorar a natureza dessas manifestações e sua relação com as dimensões espirituais. A compreensão desses fenômenos desafia as fronteiras do conhecimento científico e convida a uma abordagem integrada que considere tanto a dimensão física quanto a espiritual.

Exploração Científica e Espiritual

A exploração das dimensões físicas e espirituais envolve tanto a pesquisa científica quanto as experiências espirituais. A busca por compreender a natureza dessas dimensões e sua inter-relação tem levado a investigações em diferentes campos do conhecimento, proporcionando insights valiosos sobre a complexidade da existência.

Pesquisas Científicas sobre Dimensões

As pesquisas científicas sobre as dimensões físicas e espirituais têm abordado desde a física quântica até a parapsicologia, buscando compreender os fenômenos que desafiam as explicações convencionais. Estudos sobre a natureza da consciência, a influência da mente sobre a matéria e a existência de realidades além do plano físico têm ampliado os horizontes da ciência e suscitado novas questões sobre a natureza da realidade.

Além disso, a investigação de fenômenos como a mediunidade, a projeção astral e a influência espiritual sobre a saúde e o bem-estar tem despertado o interesse de pesquisadores comprometidos em compreender a relação entre as dimensões físicas e espirituais. Essas pesquisas têm contribuído para a construção de uma visão mais ampla e integrada da existência, que considera tanto os aspectos materiais quanto os espirituais da realidade.

Experiências Espirituais e Dimensões

As experiências espirituais têm sido fundamentais para a compreensão das dimensões além do plano físico. Relatos de vivências fora do corpo, encontros com entidades espirituais e insights transcendentais têm enriquecido a compreensão humana sobre a natureza da existência e a interação entre as dimensões físicas e espirituais.

A prática da meditação, o contato com mestres espirituais e a vivência de estados alterados de consciência têm proporcionado experiências que transcendem as limitações da realidade material, abrindo caminho para a exploração das dimensões espirituais. Essas experiências têm inspirado a busca por uma compreensão mais profunda da natureza da consciência e da interconexão entre todos os seres e planos de existência.

CAPÍTULO 8
Mundos de Renascimento e Planos Espirituais Associados
Processo de Renascimento

O processo de renascimento é uma transição fundamental na jornada espiritual de uma alma. Quando o ciclo de vida em um determinado mundo chega ao fim, a alma inicia sua jornada de transição para um novo mundo de renascimento. Esta transição é um momento de profunda reflexão e preparação para a próxima fase da evolução espiritual.

Transição entre Mundos

A transição entre mundos de renascimento envolve a liberação das amarras do mundo anterior e a abertura para novas experiências e aprendizados. Durante esse processo, a alma passa por um período de purificação e renovação, deixando para trás as lições aprendidas e os fardos carregados, para se preparar para uma nova jornada.

É um momento de profunda introspecção, em que a alma revisita suas experiências passadas e busca compreender as lições aprendidas. A transição entre mundos é um período de cura e transformação, em que a alma se liberta de antigas limitações e se abre para novas possibilidades de crescimento espiritual.

Recepção nos Mundos de Renascimento

Ao chegar a um novo mundo de renascimento, a alma é recebida por seres espirituais que a orientam e auxiliam em sua adaptação ao novo ambiente. Esses seres oferecem suporte emocional e espiritual, ajudando a alma a compreender as características e desafios do novo mundo e a se preparar para as experiências que estão por vir.

É um momento de acolhimento e cuidado, em que a alma é envolvida por uma energia amorosa e protetora, que a ajuda a se restabelecer após a transição. A recepção nos mundos de renascimento é um processo de integração e familiarização com o novo ambiente, proporcionando à alma as condições necessárias para iniciar sua jornada de evolução espiritual.

Teste Seu Conhecimento

Pergunta 1: O que acontece ao chegar a um novo mundo de renascimento?

- a) A alma é deixada sozinha para se adaptar ao novo ambiente.
- b) A alma é recebida por seres espirituais que a orientam e auxiliam em sua adaptação ao novo ambiente.
- c) A alma é imediatamente enviada para sua próxima encarnação.

Pergunta 2: Qual é o papel dos seres espirituais nos mundos de renascimento?

- a) Eles não têm papel algum.
- b) Eles oferecem suporte emocional e espiritual, ajudando a alma a compreender as características e desafios do novo mundo.
- c) Eles apenas observam a chegada da alma sem interagir.

Conexão com Planos Espirituais

Além dos mundos de renascimento, as almas também estão conectadas aos planos espirituais, que desempenham um papel fundamental em sua jornada evolutiva. Esses planos são esferas de energia e consciência, onde as almas encontram orientação, aprendizado e crescimento espiritual.

Propósito dos Planos Espirituais

Os planos espirituais têm como propósito oferecer suporte e orientação às almas em sua jornada evolutiva. Neles, as almas encontram mestres espirituais, guias e mentores que as auxiliam em seu desenvolvimento, oferecendo ensinamentos, insights e estímulos para o crescimento espiritual.

Além disso, os planos espirituais são espaços de cura, onde as almas podem se recuperar de traumas e desafios enfrentados em suas experiências terrenas, e se preparar para novos ciclos de aprendizado e evolução. São também locais de estudo e contemplação, onde as almas podem aprofundar seu conhecimento e compreensão sobre a natureza da existência e do universo.

Influência nos Mundos de Renascimento

Os planos espirituais exercem uma influência significativa nos mundos de renascimento, fornecendo às almas as ferramentas e recursos necessários para enfrentar os desafios e oportunidades de cada novo ciclo de vida. A conexão com os planos espirituais permite que as almas recebam orientação e inspiração, fortalecendo-as em sua jornada evolutiva.

Além disso, a conexão com os planos espirituais proporciona às almas a oportunidade de estabelecer vínculos com outros seres evoluídos, enriquecendo sua experiência e ampliando sua compreensão sobre a natureza da existência. Essa conexão é uma fonte de apoio e estímulo para as almas, fortalecendo-as em sua busca pela evolução espiritual.

CAPÍTULO 9

Oportunidades de Crescimento e Contribuição nos Planetas Menos Evoluídos

Características dos Planetas Menos Evoluídos

Os planetas menos evoluídos apresentam um ambiente e condições desafiadoras para o crescimento espiritual das almas que neles habitam. A atmosfera densa e carregada de energias negativas cria um ambiente propício para o enfrentamento de desafios significativos. As condições de vida são árduas, com escassez de recursos e ausência de harmonia entre os habitantes.

Os desafios para o crescimento nessas circunstâncias são imensos, exigindo das almas uma resiliência e determinação incomuns. A falta de compreensão espiritual e a prevalência de comportamentos egoístas tornam o ambiente hostil e desfavorável ao desenvolvimento interior.

Ambiente e Condições

O ambiente nos planetas menos evoluídos é marcado por uma atmosfera pesada, carregada de energias densas e negativas. A falta de luz espiritual e a predominância de sentimentos inferiores criam um cenário desafiador para as almas que buscam evoluir. As condições de vida são precárias, com escassez de recursos básicos e ausência de harmonia nas relações interpessoais.

As almas que habitam esses planetas enfrentam constantes provações, sendo expostas a situações que testam sua capacidade de superação e crescimento espiritual. A falta de compreensão sobre as leis universais e a ausência de amor fraternal contribuem para a perpetuação de um ambiente hostil e desfavorável ao desenvolvimento interior.

Desafios para o Crescimento

Os desafios para o crescimento espiritual nos planetas menos evoluídos são multifacetados e intensos. As almas que neles habitam enfrentam a constante luta contra as influências negativas do meio, buscando manter a chama da esperança e da evolução acesa em seus corações. A falta de exemplos inspiradores e a escassez de orientação espiritual dificultam o progresso interior, tornando a jornada árdua e repleta de obstáculos.

O enfrentamento de desafios como a escassez de recursos, a ausência de compaixão e a prevalência de atitudes egoístas demanda das almas uma força interior incomum. A superação desses obstáculos é essencial para o crescimento espiritual e a evolução em direção a planos mais elevados de existência.

Retrato Biográfico

Nome: Dr. André Luiz

Nascimento: 10 de abril de 1928

Profissão: Médico e Espírita

Contribuições: Dr. André Luiz é conhecido por suas obras psicografadas por Chico Xavier, nas quais descreve sua experiência pós-morte e compartilha conhecimentos sobre a vida espiritual. Suas obras, como "Nosso Lar" e "Mecanismos da Mediunidade", têm sido fundamentais para o entendimento da vida após a morte e para o estudo da evolução espiritual.

Contribuição para o Progresso

Apesar das dificuldades e desafios enfrentados nos planetas menos evoluídos, as almas que neles habitam desempenham um papel fundamental no progresso planetário e no amadurecimento espiritual coletivo. Sua presença e esforços contribuem para a transformação gradual do ambiente, abrindo caminho para a luz e a evolução.

Papel das Almas nos Planetas Menos Evoluídos

As almas que escolhem encarnar nos planetas menos evoluídos assumem a nobre missão de serem faróis de luz em meio à escuridão. Seu papel é o de semear sementes de amor, compaixão e sabedoria, mesmo diante das condições adversas. Ao enfrentar os desafios e manter acesa a chama da esperança, essas almas inspiram mudanças e despertam a consciência coletiva para a busca de um caminho mais elevado.

Seu exemplo de resiliência e determinação serve como um farol para aqueles que ainda estão adormecidos na ignorância espiritual, apontando para a possibilidade de transformação e crescimento, independentemente das circunstâncias desfavoráveis.

Impacto no Desenvolvimento Planetário

A contribuição das almas nos planetas menos evoluídos é de extrema importância para o desenvolvimento planetário como um todo. Seu esforço em meio às adversidades cria um movimento de transformação que gradualmente eleva a vibração do planeta, abrindo espaço para a manifestação de energias mais elevadas e propiciando condições mais favoráveis ao crescimento espiritual.

O impacto positivo das almas que buscam a luz em meio à escuridão reverbera por todo o planeta, influenciando as consciências adormecidas e despertando a aspiração por uma existência mais plena e significativa. Esse processo de transformação contribui para a evolução não apenas das almas individuais, mas também do próprio planeta, que gradativamente ascende a planos mais elevados de consciência.

CAPÍTULO 10

A Missão de Jesus na Terra e seu Retorno aos Céus

Vinda de Jesus à Terra

A vinda de Jesus à Terra é um dos eventos mais significativos na história da humanidade. Seu propósito era trazer uma mensagem de amor, compaixão e redenção para todos os seres humanos, independentemente de sua origem, status social ou crenças. Jesus veio para ensinar a verdadeira essência do amor incondicional e para exemplificar como viver de acordo com esses princípios.

Seu propósito era também trazer uma nova compreensão espiritual, convidando as pessoas a olharem para além das formalidades religiosas e a se conectarem diretamente com o divino em seus corações. Ele ensinou a importância do perdão, da compaixão e da busca pela justiça divina, convidando a todos para uma transformação interior que levaria a uma vida mais plena e significativa.

Propósito da Vinda

O propósito da vinda de Jesus à Terra era trazer uma mensagem de esperança e salvação para a humanidade. Ele veio para oferecer um caminho de redenção e reconciliação com o divino, convidando as pessoas a se voltarem para Deus e a viverem de acordo com os princípios do amor e da verdade. Sua missão era também cumprir as profecias antigas e estabelecer um novo pacto entre Deus e os seres humanos, baseado na graça e na misericórdia.

Além disso, Jesus veio para demonstrar que a vida terrena não é o fim, mas sim o início de uma jornada eterna, e que a morte física não é o fim de nossa existência, mas sim uma passagem para uma vida espiritual mais plena e significativa. Sua vinda tinha como propósito despertar a consciência das pessoas para uma realidade espiritual mais profunda e para a verdade de que somos todos filhos amados de Deus.

Ensinamentos e Exemplos

Durante sua estadia na Terra, Jesus compartilhou uma série de ensinamentos e exemplos de como viver uma vida em harmonia com as leis divinas. Ele ensinou sobre o amor ao próximo, a importância da humildade, a necessidade do perdão e a prática da compaixão. Seus exemplos de cura, perdão e serviço desinteressado inspiraram e continuam a inspirar milhões de pessoas em todo o mundo.

Além disso, Jesus exemplificou em sua própria vida os princípios que ensinava. Sua compaixão pelos marginalizados, sua coragem diante da injustiça e sua disposição em sacrificar-se pelos outros são exemplos vivos do amor incondicional que ele pregava. Seus ensinamentos e exemplos continuam a ressoar através dos séculos, desafiando as pessoas a viverem de acordo com os mais elevados ideais espirituais.

Leitura Adicional

Para uma compreensão mais aprofundada sobre a missão de Jesus na Terra e seu retorno aos Céus, recomendamos a leitura dos seguintes textos:

- "A Vida de Jesus: Uma Abordagem Espiritual" - Este livro oferece uma visão espiritual e histórica da vida e dos ensinamentos de Jesus, explorando seu impacto no mundo e sua mensagem atemporal de amor e compaixão.
- "Os Ensinamentos de Jesus: Uma Análise Filosófica" - Nesta obra, são examinados os ensinamentos de Jesus à luz da filosofia, convidando o leitor a refletir sobre a sabedoria contida em suas palavras e a aplicação prática de seus princípios na vida cotidiana.
- "O Retorno de Jesus: Perspectivas Teológicas" - Este livro apresenta diferentes perspectivas teológicas sobre a promessa do retorno de Jesus, oferecendo uma análise aprofundada das crenças e interpretações relacionadas a esse evento escatológico.

Retorno de Jesus aos Céus

Após cumprir sua missão na Terra, Jesus retornou aos céus, deixando um legado de amor, esperança e redenção para a humanidade. Seu retorno aos céus não representou o fim de sua influência, mas sim o início de uma nova fase de sua missão espiritual, que continua a impactar e transformar vidas em todo o mundo.

Seu retorno aos céus foi também um testemunho da promessa de vida eterna e da continuidade da existência espiritual além da vida terrena. Sua ascensão aos céus foi um símbolo da vitória sobre a morte e a promessa de que todos aqueles que seguem seus ensinamentos e exemplos também podem alcançar a vida eterna ao lado do Pai Celestial.

Cumprimento da Missão

O retorno de Jesus aos céus representou o cumprimento de sua missão terrena, que era trazer uma mensagem de amor e redenção para a humanidade. Sua vida, morte e ressurreição foram parte de um plano divino para a salvação da humanidade, e seu retorno aos céus foi a confirmação de que esse plano havia sido realizado com sucesso.

Além disso, seu retorno aos céus marcou o início de uma nova fase de sua missão espiritual, em que ele continuaria a interceder pelos seres humanos e a guiar aqueles que buscam a verdade e a vida espiritual. Sua presença nos céus é uma fonte de esperança e consolo para todos aqueles que enfrentam desafios e dificuldades em suas vidas terrenas.

Legado e Continuidade

O legado de Jesus e sua missão de amor e redenção continuam a impactar e transformar vidas em todo o mundo. Seus ensinamentos e exemplos são fontes de inspiração para milhões de pessoas, e sua presença nos céus é uma fonte de esperança e consolo para todos aqueles que buscam a verdade espiritual.

Além disso, a continuidade de sua missão espiritual nos céus é uma promessa de que ele continua a interceder pelos seres humanos e a guiar aqueles que buscam a verdade e a vida espiritual. Seu legado de amor e redenção é uma fonte de esperança e consolo para todos aqueles que enfrentam desafios e dificuldades em suas vidas terrenas, e sua promessa de vida eterna é uma fonte de conforto para todos aqueles que enfrentam a morte física.

CAPÍTULO 11

Organização das Estruturas no Campo Espiritual após a Partida de Jesus

Ação dos Anjos Após a Partida de Jesus

Após a partida de Jesus, os anjos desempenharam um papel fundamental na organização das estruturas no campo espiritual. Seu propósito era estabelecer um ambiente propício para a evolução espiritual das almas e garantir a continuidade dos ensinamentos deixados por Jesus.

Os anjos atuaram como guardiões da sabedoria e do amor, trabalhando incansavelmente para manter viva a chama da luz espiritual que Jesus trouxera à Terra. Sua organização visava criar condições para que as almas pudessem progredir em direção à sua jornada de ascensão espiritual.

Propósito da Organização

O propósito da organização liderada pelos anjos era estabelecer uma rede de suporte espiritual que permeasse todos os planos e dimensões, garantindo que as almas tivessem acesso à orientação e proteção necessárias para seu crescimento espiritual. Essa organização visava também preservar os ensinamentos de Jesus e disseminá-los de forma a alcançar o maior número possível de almas em evolução.

Além disso, a organização das estruturas no campo espiritual tinha como objetivo criar um ambiente de paz e harmonia, onde as almas pudessem encontrar conforto e amparo em sua jornada de aprendizado e crescimento.

Atuação na Evolução Espiritual

Os anjos, por meio de sua organização, desempenharam um papel ativo na evolução espiritual das almas. Eles atuaram como guias e mentores, oferecendo orientação e apoio para aqueles que buscavam a luz e o conhecimento espiritual. Sua presença constante e amorosa proporcionou um ambiente propício para o desenvolvimento das virtudes e valores essenciais à evolução das almas.

Além disso, a atuação dos anjos na evolução espiritual incluiu a proteção contra influências negativas e a promoção de experiências que desafiassem as almas a crescer e expandir sua consciência. Sua presença amorosa e sábia foi fundamental para o progresso espiritual das almas em todos os planos e dimensões.

Fatos e Estatísticas Rápidos

- Capítulo 11: Organização das Estruturas no Campo Espiritual após a Partida de Jesus
- Ação dos Anjos Após a Partida de Jesus
- Atuação na Evolução Espiritual

Impacto nas Almas Após a Partida de Jesus

A partida de Jesus teve um impacto profundo nas almas, e a organização das estruturas no campo espiritual pelos anjos proporcionou oportunidades significativas de evolução e crescimento espiritual para essas almas.

As almas puderam se beneficiar da orientação e do amparo dos anjos, que as auxiliaram em sua jornada espiritual, oferecendo-lhes a oportunidade de aprender, crescer e expandir sua consciência. O impacto dessa organização foi sentido em todos os níveis da existência espiritual, proporcionando um ambiente propício para a evolução das almas.

Oportunidades de Evolução

Após a partida de Jesus, as almas foram agraciadas com oportunidades únicas de evolução espiritual. A organização das estruturas no campo espiritual pelos anjos criou condições favoráveis para que as almas pudessem superar desafios, aprender lições importantes e progredir em direção à sua jornada de ascensão espiritual.

Essas oportunidades de evolução incluíram a possibilidade de se engajar em experiências enriquecedoras, receber orientação espiritual e participar de atividades que promovessem o desenvolvimento das virtudes e valores essenciais à evolução das almas.

Auxílio na Jornada Espiritual

Além de oferecer oportunidades de evolução, a organização das estruturas no campo espiritual pelos anjos proporcionou um auxílio constante na jornada espiritual das almas. Os anjos estiveram presentes para oferecer orientação, proteção e amor incondicional, auxiliando as almas em sua busca pela luz e pelo conhecimento espiritual.

Esse auxílio foi fundamental para que as almas pudessem superar desafios, compreender suas experiências e avançar em direção à sua jornada de ascensão espiritual. A presença amorosa e sábia dos anjos foi uma fonte constante de inspiração e força para as almas em sua busca pela evolução espiritual.

CAPÍTULO 12

Concessão de Nova Chance de Evolução para as Almas Desprendidas do Corpo

Processo de Concessão de Nova Chance

Ao desencarnar, a alma se liberta do corpo físico e inicia uma nova etapa em sua jornada evolutiva. Durante esse processo de transição, a alma pode receber a oportunidade de reencarnar em um novo corpo, dando continuidade ao seu desenvolvimento espiritual.

Recebimento da Oportunidade

O recebimento da oportunidade de uma nova encarnação é resultado de um conjunto de fatores, incluindo o progresso alcançado pela alma em suas experiências anteriores, a necessidade de aprendizado e evolução, e a orientação de seres espirituais superiores que atuam no planejamento reencarnatório.

É importante ressaltar que a concessão dessa nova chance não é automática, mas sim uma oportunidade que é cuidadosamente avaliada e planejada no contexto do progresso espiritual da alma.

Avaliação da Evolução

Antes de receber a oportunidade de reencarnar, a evolução da alma é cuidadosamente avaliada. São considerados os aprendizados adquiridos, as transformações pessoais, as contribuições para o progresso espiritual coletivo e a maturidade alcançada ao longo de suas experiências anteriores.

Essa avaliação é realizada por seres espirituais responsáveis pelo planejamento reencarnatório, que analisam o estado evolutivo da alma e identificam as oportunidades de crescimento e aprendizado que podem ser proporcionadas em uma nova encarnação.

Leitura Adicional

Para aprofundar seus estudos sobre a concessão de nova chance de evolução para as almas desprendidas do corpo, recomendamos a leitura do livro "Reencarnação e Evolução Espiritual", de André Luiz, que aborda de forma detalhada o processo reencarnatório e a evolução da alma.

Além disso, o livro "Entre o Corpo e a Alma", de Chico Xavier, traz relatos e reflexões sobre a jornada espiritual e a importância do autoconhecimento para o desenvolvimento evolutivo.

Benefícios da Nova Oportunidade

A concessão de uma nova chance de evolução traz consigo diversos benefícios tanto para a alma quanto para o progresso espiritual como um todo. Essa oportunidade representa um novo ciclo de aprendizado, crescimento e contribuição para a evolução do universo.

Crescimento e Aprendizado

A nova oportunidade de encarnação permite que a alma continue sua jornada evolutiva, enfrentando novos desafios, superando obstáculos e adquirindo novos aprendizados. Cada experiência vivenciada durante a encarnação contribui para o enriquecimento espiritual da alma, promovendo seu crescimento e aprimoramento.

Além disso, a vivência em um novo contexto terreno proporciona à alma a oportunidade de expandir sua compreensão, desenvolver virtudes e aprimorar suas habilidades, contribuindo para sua evolução individual e coletiva.

Contribuição para o Progresso Espiritual

Ao reencarnar, a alma tem a oportunidade de contribuir ativamente para o progresso espiritual, tanto pessoal quanto coletivo. Suas experiências, escolhas e ações influenciam não apenas seu próprio desenvolvimento, mas também o ambiente e as pessoas ao seu redor, gerando impactos significativos no tecido espiritual do universo.

Dessa forma, a concessão de uma nova chance de evolução não apenas beneficia a alma em seu processo de crescimento, mas também contribui para a expansão da consciência coletiva e o avanço do plano evolutivo como um todo.

CAPÍTULO 13
Renascimento com Mais Compaixão e Compreensão
Impacto do Renascimento na Alma

O renascimento é um momento crucial na jornada da alma, proporcionando a oportunidade de desenvolver a compaixão e adquirir uma compreensão mais profunda da existência. Ao passar por esse processo, a alma é enriquecida com novas experiências e aprendizados que moldam sua perspectiva e capacidade de empatia.

Desenvolvimento da Compaixão

O renascimento oferece à alma a oportunidade de desenvolver a compaixão, pois ao vivenciar diferentes situações e desafios, a alma se torna mais sensível às dores e alegrias alheias. A compaixão floresce à medida que a alma compreende a interconexão de todas as formas de vida e reconhece a importância de agir com bondade e empatia.

Esse desenvolvimento da compaixão não apenas beneficia a alma individualmente, mas também contribui para a harmonia e evolução coletiva, promovendo um ambiente de apoio mútuo e solidariedade entre as almas em sua jornada espiritual.

Aquisição de Compreensão

O renascimento proporciona à alma a oportunidade de adquirir uma compreensão mais profunda da existência e das complexidades da jornada espiritual. Ao vivenciar diferentes contextos e desafios, a alma amplia sua perspectiva e desenvolve uma compreensão mais abrangente das interações entre as almas, do propósito da existência e das lições a serem aprendidas.

Essa aquisição de compreensão permite que a alma se torne mais sábia e discernente em suas escolhas e ações, contribuindo para seu crescimento espiritual e para a disseminação de sabedoria e orientação para outras almas em sua jornada.

Teste Seu Conhecimento

1. Qual é o impacto do renascimento na alma?

1. Proporciona à alma a oportunidade de adquirir uma compreensão mais profunda da existência e das complexidades da jornada espiritual.
2. Traz felicidade imediata e satisfação pessoal.
3. Não tem impacto na alma.

2. O que a aquisição de compreensão permite à alma?

- Tornar-se mais sábia e discernente em suas escolhas e ações.
- Perder o interesse na jornada espiritual.
- Ficar presa em um ciclo de ignorância.

Contribuição para a Missão da Luz

O renascimento com mais compaixão e compreensão capacita a alma a desempenhar um papel significativo na missão da luz, que visa promover o progresso espiritual e a elevação da consciência coletiva. Através do desenvolvimento dessas qualidades, a alma se torna um agente de transformação e inspiração para si mesma e para outros seres espirituais.

Participação no Progresso Espiritual

A alma que renasce com maior compaixão e compreensão está mais preparada para participar ativamente do progresso espiritual, contribuindo para a elevação da consciência coletiva e para a manifestação de amor e harmonia no universo. Sua capacidade de compreender e acolher as experiências de vida, juntamente com sua compaixão, a torna um farol de luz que ilumina o caminho de outras almas em busca de evolução.

Disseminação da Compaixão e Compreensão

Além de seu próprio crescimento espiritual, a alma que renasce com mais compaixão e compreensão desempenha um papel fundamental na disseminação dessas qualidades, influenciando positivamente o ambiente espiritual e contribuindo para a construção de um mundo mais compassivo e consciente. Sua presença e ações inspiram outras almas a cultivar a compaixão e a busca pela compreensão, criando um ciclo virtuoso de evolução espiritual.

CAPÍTULO 14

Progresso Necessário para Contribuir com a Missão da Luz

Preparação para a Contribuição

A contribuição para a missão da luz requer uma preparação cuidadosa, que envolve o desenvolvimento espiritual e o aprimoramento da sabedoria. Esses aspectos são fundamentais para que o indivíduo esteja apto a desempenhar um papel significativo no avanço da consciência coletiva.

Desenvolvimento Espiritual

O desenvolvimento espiritual é um processo contínuo que envolve a busca pela conexão com o eu interior e com o divino. Através da prática da meditação, reflexão e autoconhecimento, o indivíduo pode aprimorar sua espiritualidade e expandir sua consciência. Esse desenvolvimento permite uma compreensão mais profunda das questões existenciais e uma maior empatia em relação aos outros seres.

Além disso, o desenvolvimento espiritual proporciona uma base sólida para lidar com desafios e adversidades, promovendo a serenidade e a compaixão diante das dificuldades da vida. A busca pela iluminação e pela conexão com planos espirituais superiores é essencial para a preparação daqueles que desejam contribuir com a missão da luz.

Aprimoramento da Sabedoria

O aprimoramento da sabedoria é outro aspecto crucial na preparação para a contribuição com a missão da luz. Isso envolve a busca pelo conhecimento, tanto teórico quanto prático, que possa ser aplicado de forma benéfica para o progresso espiritual e o bem-estar coletivo.

O indivíduo que almeja contribuir com a missão da luz deve buscar o entendimento das leis universais, dos princípios éticos e morais, e das dinâmicas que regem a evolução espiritual. Além disso, o aprimoramento da sabedoria inclui a capacidade de discernimento, a compreensão das interconexões entre os seres e a habilidade de transmitir esse conhecimento de forma clara e inspiradora.

Pense e Reflita

Progresso Necessário para Contribuir com a Missão da Luz

No capítulo 14, aprendemos sobre a importância do aprimoramento da sabedoria na preparação para contribuir com a missão da luz. Reflita sobre como você tem buscado conhecimento, tanto teórico quanto prático, que possa ser aplicado de forma benéfica para o progresso espiritual e o bem-estar coletivo.

Pense sobre como você tem buscado entender as leis universais, os princípios éticos e morais, e as dinâmicas que regem a evolução espiritual. Além disso, reflita sobre sua capacidade de discernimento, compreensão das interconexões entre os seres e habilidade de transmitir esse conhecimento de forma clara e inspiradora.

Atuação na Missão da Luz

Uma vez preparado espiritualmente e munido de sabedoria, o indivíduo está pronto para atuar na missão da luz, contribuindo de maneira significativa para o avanço da consciência coletiva e o progresso espiritual da humanidade.

Propagação do Conhecimento

A propagação do conhecimento é uma das formas mais impactantes de contribuição para a missão da luz. Compartilhar ensinamentos, insights e sabedoria adquirida ao longo da jornada espiritual é essencial para elevar a consciência coletiva e inspirar outros indivíduos a trilharem o caminho da evolução.

Isso pode ser feito por meio de palestras, escritos, aconselhamento espiritual, ou qualquer outra forma de comunicação que possa alcançar e tocar os corações e mentes daqueles que buscam orientação e crescimento espiritual. A propagação do conhecimento é uma luz que ilumina os caminhos daqueles que buscam a verdade e a compreensão.

Auxílio na Evolução Espiritual

Além da propagação do conhecimento, o indivíduo preparado para contribuir com a missão da luz também se dedica a oferecer auxílio na evolução espiritual de outros seres. Isso pode envolver orientação espiritual, apoio emocional, práticas terapêuticas, ou simplesmente ser um exemplo vivo de compaixão, amor e integridade.

O auxílio na evolução espiritual é uma expressão concreta do compromisso com a missão da luz, pois demonstra a disposição de estender a mão para aqueles que enfrentam desafios em sua jornada e buscam apoio para superá-los. Essa atuação solidária e compassiva é fundamental para a construção de uma sociedade mais harmoniosa e consciente.

CAPÍTULO 15
Mudanças entre os Planetas e a Compreensão do Universo
Transição entre Planetas

A transição entre planetas é um processo fascinante que envolve a mudança de um ambiente para outro, exigindo adaptação e evolução. À medida que as almas viajam entre os planetas, elas passam por uma série de transformações e desafios que contribuem para o seu crescimento espiritual.

Processo de Mudança

O processo de mudança entre planetas é complexo e envolve a liberação de antigas energias e a integração de novas vibrações. À medida que as almas deixam um planeta e se preparam para chegar a outro, passam por um período de transição onde são preparadas para as experiências que estão por vir. Esse processo pode envolver a purificação espiritual e a liberação de padrões de pensamento e comportamento que não são mais necessários para a jornada futura.

Além disso, a transição entre planetas também pode incluir a recepção de novos dons espirituais e habilidades que serão úteis no próximo destino. As almas são guiadas por seres espirituais durante essa transição, recebendo orientação e apoio para enfrentar as mudanças que estão por vir.

Adaptação a Novos Ambientes

A adaptação a novos ambientes é essencial para a evolução das almas à medida que viajam entre os planetas. Cada planeta oferece um conjunto único de desafios e oportunidades para crescimento espiritual. As almas precisam se ajustar às condições físicas, energéticas e sociais do novo ambiente, aprendendo a viver em harmonia com as forças e energias presentes.

Essa adaptação pode envolver a aquisição de novos conhecimentos, a compreensão de diferentes sistemas de crenças e a integração em comunidades espirituais diversas. As almas também podem passar po processos de cura e renovação para se prepararem para as experiências que os aguardam no novo planeta.

Fatos e Estatísticas Rápidos

- Planetas: Cada planeta oferece desafios e oportunidades únicas para o crescimento espiritual.
- Adaptação: As almas precisam se ajustar às condições físicas, energéticas e sociais do novo ambiente.
- Conhecimento: A adaptação pode envolver a aquisição de novos conhecimentos e a compreensão de diferentes sistemas de crenças.
- Cura e Renovação: As almas podem passar por processos de cura e renovação para se prepararem para as experiências no novo planeta.

Visão do Universo

A visão do universo é fundamental para a compreensão da existência e do papel das almas dentro do cosmos. A exploração espacial e os conceitos de cosmologia desempenham um papel crucial na expansão da consciência humana e na busca por respostas para as grandes questões da vida e do universo.

Exploração Espacial

A exploração espacial tem permitido aos seres humanos expandir seus horizontes e descobrir novos mundos, estrelas e galáxias. As missões espaciais têm proporcionado insights valiosos sobre a natureza do universo, sua vastidão e complexidade. Através da exploração espacial, os cientistas e pesquisadores têm buscado compreender as leis que regem o cosmos e a possibilidade de vida em outros planetas.

Além disso, a exploração espacial tem inspirado a imaginação e a criatividade, estimulando a busca por conhecimento e a compreensão do lugar da humanidade no universo. Através das imagens e descobertas feitas no espaço, as pessoas têm sido capazes de contemplar a beleza e a grandiosidade do cosmos, despertando um senso de admiração e reverência pela criação.

Conceitos de Cosmologia

Os conceitos de cosmologia abrangem teorias e modelos que buscam explicar a origem, evolução e estrutura do universo. Através da cosmologia, os estudiosos exploram questões fundamentais sobre a natureza do tempo, do espaço, da matéria e da energia. Essa busca por compreensão tem levado a avanços significativos na compreensão das leis que regem o universo e a nossa própria existência dentro dele.

Além disso, a cosmologia também aborda questões metafísicas e filosóficas, buscando integrar a visão científica do universo com as tradições espirituais e religiosas. Através desse diálogo entre ciência e espiritualidade, os seres humanos têm buscado uma compreensão mais profunda do propósito e significado da vida, bem como do papel das almas no vasto panorama cósmico.

CAPÍTULO 16
Apenas a consternação poderia despertar nossa consciência

Impacto da Consternação na Consciência

A consternação, muitas vezes desencadeada por eventos inesperados e impactantes, tem o poder de nos tirar da nossa zona de conforto e nos forçar a encarar a realidade de forma crua e direta. Esse impacto na consciência pode ser um catalisador para uma série de mudanças internas e externas.

Despertar para a Realidade

Quando somos confrontados com situações que nos causam consternação, somos forçados a encarar a verdade de forma inegável. Essa confrontação com a realidade muitas vezes nos desperta para aspectos da vida que estávamos evitando ou negligenciando. A consternação nos obriga a encarar a verdade de frente, sem máscaras ou ilusões, e nos leva a questionar nossas crenças e percepções prévias.

Esse despertar para a realidade pode ser um momento transformador, pois nos coloca em contato direto com a verdade nua e crua. A partir desse ponto, somos confrontados com a necessidade de lidar com a situação de forma honesta e corajosa, o que pode levar a uma profunda reflexão sobre a vida e o propósito de nossa existência.

Reflexão sobre a Existência

A consternação muitas vezes nos leva a questionar o significado e o propósito de nossa existência. Diante de eventos impactantes, somos levados a refletir sobre o que realmente importa, sobre as nossas prioridades e sobre o legado que desejamos deixar para trás. Essa reflexão profunda pode nos levar a reavaliar nossas escolhas, nossos relacionamentos e nossas metas de vida.

A crise gerada pela consternação pode nos levar a buscar um sentido mais profundo para nossa existência, levando-nos a explorar questões espirituais e filosóficas que antes poderiam ter sido negligenciadas. Essa busca por significado pode ser o ponto de partida para uma jornada de autoconhecimento e crescimento pessoal.

Você Sabia?

A consternação muitas vezes nos leva a questionar o significado e o propósito de nossa existência. Diante de eventos impactantes, somos levados a refletir sobre o que realmente importa, sobre as nossas prioridades e sobre o legado que desejamos deixar para trás. Essa reflexão profunda pode nos levar a reavaliar nossas escolhas, nossos relacionamentos e nossas metas de vida.

A crise gerada pela consternação pode nos levar a buscar um sentido mais profundo para nossa existência, levando-nos a explorar questões espirituais e filosóficas que antes poderiam ter sido negligenciadas. Essa busca por significado pode ser o ponto de partida para uma jornada de autoconhecimento e crescimento pessoal.

Transformação Pessoal

A consternação não apenas nos desperta para a realidade e nos leva a refletir sobre a existência, mas também pode desencadear uma profunda transformação pessoal. Essa transformação pode se manifestar de várias formas, desde mudanças internas em nossa mentalidade e emoções até mudanças externas em nossas ações e interações com o mundo ao nosso redor.

Mudança de Atitudes

Diante da consternação, somos confrontados com a necessidade de reavaliar nossas atitudes e comportamentos. Eventos impactantes muitas vezes nos levam a questionar a forma como temos vivido e a considerar novas abordagens para lidar com os desafios da vida. Essa mudança de atitudes pode se manifestar como uma maior compaixão, empatia e compreensão em relação aos outros, bem como uma reavaliação de nossas prioridades e valores.

Além disso, a consternação pode nos motivar a buscar formas de contribuir positivamente para o mundo ao nosso redor, levando-nos a adotar atitudes e ações que visam promover o bem-estar coletivo e a justiça social. Essa mudança de atitudes pode ser um reflexo da nossa busca por significado e propósito, e pode nos levar a adotar um estilo de vida mais alinhado com nossos valores mais profundos.

Busca por Significado

A consternação pode nos impulsionar a buscar um significado mais profundo para nossas vidas, levando-nos a explorar questões existenciais e espirituais. Essa busca por significado pode se manifestar como uma maior conexão com práticas de meditação, contemplação e autoconhecimento, bem como uma busca por orientação e sabedoria em tradições espirituais e filosóficas.

Além disso, a consternação pode nos levar a reavaliar nossas escolhas de carreira, relacionamentos e estilo de vida, buscando alinhar nossas ações com um propósito mais elevado e uma visão mais abrangente do que significa viver uma vida significativa e realizada. Essa busca por significado pode ser o catalisador para uma transformação pessoal profunda e duradoura.

CAPÍTULO 17
Assim, as normas de ação e reação se aceleraram

Aceleração das Normas de Ação e Reação

A evolução espiritual do ser humano está intrinsecamente ligada às leis universais que regem o funcionamento do cosmos. Dentre essas leis, destaca-se a lei de ação e reação, na qual cada ação gera uma reação correspondente. Com o avanço espiritual, as normas de ação e reação se aceleraram, intensificando o impacto das escolhas individuais e coletivas.

Causa e Efeito Amplificados

A aceleração das normas de ação e reação resulta em um aumento significativo na intensidade dos efeitos gerados pelas causas. Isso significa que as escolhas e ações de um indivíduo ou de uma coletividade têm repercussões mais profundas e abrangentes do que em estágios anteriores da evolução espiritual. A amplificação do efeito das causas demanda maior responsabilidade e discernimento na tomada de decisões, uma vez que os impactos serão mais expressivos.

Além disso, a consciência expandida proporcionada pela evolução espiritual permite uma compreensão mais clara das interconexões entre as ações e seus efeitos, tornando evidente a importância de agir em consonância com princípios éticos e morais elevados. A percepção aguçada das ramificações das escolhas individuais e coletivas impulsiona a busca por um comportamento mais alinhado com a harmonia universal.

Consequências das Ações

As consequências das ações, sejam elas positivas ou negativas, tornam-se mais imediatas e impactantes à medida que as normas de ação e reação se aceleram. A lei do retorno, que reflete as consequências das escolhas, manifesta-se de forma mais rápida e incisiva, proporcionando um feedback mais efetivo sobre os caminhos trilhados.

Nesse contexto, a compreensão das consequências das ações assume um papel fundamental no processo evolutivo, uma vez que a percepção aguçada dos resultados das escolhas permite ajustes mais precisos de conduta e aprimoramento contínuo. A aceleração das normas de ação e reação, portanto, impulsiona a busca por uma atuação mais consciente e responsável, alinhada com os propósitos superiores da evolução espiritual.

Leitura Adicional

Aceleração das Normas de Ação e Reação

Consequências das Ações

As consequências das ações, sejam elas positivas ou negativas, tornam-se mais imediatas e impactantes à medida que as normas de ação e reação se aceleram. A lei do retorno, que reflete as consequências das escolhas, manifesta-se de forma mais rápida e incisiva, proporcionando um feedback mais efetivo sobre os caminhos trilhados.

Nesse contexto, a compreensão das consequências das ações assume um papel fundamental no processo evolutivo, uma vez que a percepção aguçada dos resultados das escolhas permite ajustes mais precisos de conduta e aprimoramento contínuo. A aceleração das normas de ação e reação, portanto, impulsiona a busca por uma atuação mais consciente e responsável, alinhada com os propósitos superiores da evolução espiritual.

Equilíbrio Cósmico

A aceleração das normas de ação e reação não ocorre de forma isolada, mas está intrinsecamente relacionada ao estabelecimento de um equilíbrio cósmico mais refinado. Esse equilíbrio reflete a harmonia universal, que busca a integração e a interdependência de todos os elementos do universo, incluindo as ações e reações dos seres conscientes.

Harmonia Universal

A harmonia universal, como expressão do equilíbrio cósmico, representa a busca pela ordem e pela interligação de todas as manifestações do universo. Nesse contexto, a aceleração das normas de ação e reação está alinhada com a necessidade de promover um estado de equilíbrio mais estável e dinâmico, no qual as forças opostas e complementares atuam de forma integrada e equitativa.

A intensificação das consequências das ações, decorrente da aceleração das normas de ação e reação, contribui para a reorganização e realinhamento das energias presentes no universo, favorecendo a manifestação de um estado de equilíbrio mais elevado. Esse equilíbrio, por sua vez, propicia condições mais propícias para o desenvolvimento espiritual e a evolução consciente de todos os seres.

Impacto nas Experiências Individuais

O equilíbrio cósmico resultante da aceleração das normas de ação e reação tem um impacto direto nas experiências individuais, uma vez que influencia a forma como as escolhas e ações são vivenciadas e assimiladas. A percepção do equilíbrio cósmico promove uma compreensão mais profunda das interações entre os seres e o ambiente, estimulando a busca por uma atuação em sintonia com as forças universais.

Além disso, a consciência do equilíbrio cósmico proporciona uma maior clareza sobre o propósito e significado das experiências individuais, favorecendo a aceitação e integração das lições advindas das interações com as leis universais. Dessa forma, a aceleração das normas de ação e reação, ao contribuir para o estabelecimento de um equilíbrio cósmico mais refinado, impulsiona o desenvolvimento espiritual e a expansão da consciência individual.

CAPÍTULO 18

Os desafios e expiações cresceram em decorrência disso

Crescimento dos Desafios

O crescimento dos desafios enfrentados pelo ser humano ao longo de sua jornada espiritual é uma manifestação da complexidade e profundidade do processo de evolução. Ao superar limites, o ser humano se depara com oportunidades de crescimento e transformação que o impulsionam em direção a uma consciência mais elevada.

Superar limites é uma tarefa árdua, mas essencial para o desenvolvimento espiritual. Os desafios enfrentados muitas vezes exigem que o ser humano busque recursos internos até então desconhecidos, expandindo sua compreensão e capacidade de lidar com situações adversas. Nesse sentido, os desafios se apresentam como oportunidades para o ser humano transcender suas limitações e alcançar novos níveis de consciência.

Além disso, as adversidades enfrentadas ao longo da jornada espiritual são vistas como oportunidades de crescimento. Cada desafio superado representa uma etapa vencida na evolução do ser, proporcionando-lhe aprendizados valiosos e fortalecendo sua resiliência diante das dificuldades. As adversidades, longe de serem obstáculos intransponíveis, são, na verdade, oportunidades para o ser humano desenvolver virtudes como coragem, paciência e compaixão.

Expiação e Evolução

A expiação, entendida como o processo de reparação e aprendizado decorrente das consequências de ações passadas, desempenha um papel fundamental na evolução do ser humano. Através da vivência das consequências de suas ações, o indivíduo tem a oportunidade de compreender as implicações de seus atos e buscar a transformação pessoal e coletiva.

A aprendizagem através da adversidade é um dos aspectos mais significativos da expiação. Ao enfrentar as consequências de ações passadas, o ser humano tem a oportunidade de refletir sobre suas escolhas e comportamentos, promovendo um profundo processo de autoconhecimento e autotransformação. A expiação, nesse sentido, não se limita apenas à reparação de erros, mas também à evolução da consciência e do caráter.

Além disso, a expiação contribui para a transformação pessoal e coletiva, uma vez que as lições aprendidas e as mudanças promovidas pelo indivíduo reverberam em seu entorno, influenciando positivamente a evolução de outros seres. Dessa forma, a expiação não apenas promove o crescimento individual, mas também contribui para a evolução da consciência coletiva, estabelecendo um ciclo de aprendizado e transformação contínuos.

CAPÍTULO 19

Há uma infinidade de planetas propícios à vida e de renascimentos no espaço

Diversidade de Planetas Habitáveis

A vastidão do universo nos revela a existência de uma diversidade impressionante de planetas que oferecem condições propícias para o desenvolvimento da vida. A compreensão das condições necessárias para a existência de vida nos permite vislumbrar a possibilidade de inúmeros ecossistemas além do nosso próprio planeta Terra.

Condições para a Vida

Os planetas habitáveis apresentam uma combinação única de fatores que possibilitam a existência de vida. Dentre esses fatores, destacam-se a presença de água líquida, uma atmosfera adequada, a distância ideal de sua estrela-mãe para manter uma temperatura estável, e a presença de elementos químicos essenciais para a formação e manutenção de organismos vivos.

Além disso, a estabilidade do ambiente planetário ao longo do tempo é crucial para o desenvolvimento e evolução da vida. A capacidade de um planeta de manter condições favoráveis por bilhões de anos é fundamental para o surgimento e a continuidade da vida em suas diversas formas.

Variedade de Ecossistemas

A diversidade de planetas habitáveis se reflete na variedade de ecossistemas que podem surgir em diferentes ambientes planetários. Desde florestas exuberantes até oceanos vastos, passando por desertos áridos e montanhas imponentes, a imaginação é o limite quando se trata da variedade de vida que pode existir em planetas além do nosso.

Cada ecossistema apresenta suas próprias características únicas, influenciadas pelas condições planetárias e pela interação entre os seres vivos e o ambiente. A compreensão dessa diversidade nos convida a refletir sobre a riqueza e a complexidade da vida no universo.

Teste Seu Conhecimento

Responda as perguntas a seguir para testar seus conhecimentos sobre a diversidade de planetas habitáveis e ecossistemas:

1. O que reflete a diversidade de planetas habitáveis?
2. Como as características dos ecossistemas são influenciadas?
3. Por que a compreensão da diversidade nos convida a refletir?

Renascimentos no Espaço

A ideia de renascimentos no espaço nos remete à possibilidade de evolução das almas em diferentes ambientes planetários. A crença em ciclos de renascimento planetário e na jornada das almas por diferentes mundos oferece uma perspectiva intrigante sobre a continuidade da vida para além do nosso planeta de origem.

Ciclo de Renascimento Planetário

Segundo algumas tradições espirituais, as almas têm a capacidade de renascer em diferentes planetas ao longo de sua jornada evolutiva. Esse ciclo de renascimento planetário é visto como uma oportunidade para as almas aprenderem e crescerem em ambientes diversos, contribuindo para sua evolução espiritual.

A compreensão desse ciclo nos convida a considerar a vastidão do universo como um cenário para a jornada das almas, onde cada planeta habitável representa um novo capítulo na história espiritual de uma alma em busca de crescimento e compreensão.

Evolução das Almas em Diferentes Ambientes

A possibilidade de evolução das almas em diferentes ambientes planetários nos leva a refletir sobre a diversidade de experiências e aprendizados que podem moldar o percurso espiritual de uma alma. Cada planeta habitável oferece um contexto único para o desenvolvimento das almas, influenciado por suas condições planetárias e pela interação com outras formas de vida.

Essa perspectiva ampliada da evolução espiritual nos convida a considerar a complexidade e a beleza do universo como um palco para a jornada das almas, onde a diversidade de planetas habitáveis representa oportunidades únicas para o crescimento e a contribuição das almas em sua busca pela luz e compreensão.

CAPÍTULO 20

Foi então designado aos seres espirituais mais elevados a tarefa de nos guiar

Designação dos Seres Espirituais

A designação dos seres espirituais mais elevados para a tarefa de nos guiar é um reflexo do amor e da compaixão do universo. Sua missão de orientação transcende as fronteiras do tempo e do espaço, buscando sempre o bem-estar e a evolução das almas. Esses seres, dotados de sabedoria e compreensão profundas, assumem a responsabilidade de guiar os destinos individuais, oferecendo orientação e apoio nos momentos mais cruciais da jornada espiritual.

A missão de orientação desses seres espirituais envolve a transmissão de conhecimentos e insights que transcendem a compreensão humana. Eles atuam como mentores e guias, auxiliando as almas em seu caminho de evolução e crescimento espiritual. Sua presença amorosa e compassiva é sentida nos momentos de dúvida e dificuldade, trazendo conforto e clareza para aqueles que buscam a luz.

Missão de Orientação

A missão de orientação dos seres espirituais mais elevados é fundamentada na compreensão profunda das necessidades e potenciais de cada alma. Eles possuem a capacidade de enxergar além das limitações humanas, identificando os desafios e oportunidades que se apresentam ao longo da jornada espiritual. Sua orientação visa despertar a consciência das almas, guiando-as na descoberta de seu propósito e na superação de obstáculos.

Além disso, a missão de orientação inclui a transmissão de ensinamentos e princípios universais que sustentam a evolução espiritual. Esses seres compartilham sabedoria milenar, oferecendo insights que transcendem as barreiras do intelecto humano. Sua orientação é um farol de luz nas jornadas individuais, iluminando o caminho e proporcionando clareza e discernimento.

Interferência Positiva nos Destinos Individuais

A interferência positiva dos seres espirituais mais elevados nos destino individuais é uma expressão do amor incondicional do universo. Ele atuam de forma sutil e poderosa, tecendo os fios do destino de maneir a promover o crescimento e a evolução das almas. Sua presenç benevolente se manifesta nos momentos cruciais, direcionando o acontecimentos de forma a favorecer o aprendizado e a expansão d consciência.

Essa interferência positiva pode se revelar de diversas formas, desde sincronicidade de eventos até a inspiração repentina que guia as escolha e ações das almas. Os seres espirituais mais elevados trabalham en harmonia com as leis universais, promovendo a manifestação d oportunidades e experiências que contribuem para o desenvolviment espiritual de cada indivíduo.

Pense e Reflita

Os seres espirituais mais elevados atuam de forma sutil e poderosa tecendo os fios do destino de maneira a promover o crescimento e evolução das almas. Sua presença benevolente se manifesta no momentos cruciais, direcionando os acontecimentos de forma favorecer o aprendizado e a expansão da consciência. Como você enxerg a interferência positiva dos seres espirituais em sua própria vida?

Auxílio e Proteção

Além da orientação, os seres espirituais mais elevados oferecen auxílio e proteção nos momentos mais desafiadores da jornada espiritual Sua presença amorosa e atenta se faz sentir nos períodos de provação envolvendo as almas em um manto de amor e compaixão que assegur que nunca estão sozinhas em sua caminhada.

A assistência em momentos críticos é uma expressão da compaixã divina, que se manifesta por meio da presença e intervenção desses seres

Eles atuam como guardiões espirituais, protegendo as almas dos perigos físicos e espirituais, e oferecendo amparo nos momentos de fragilidade e desespero. Sua presença é um bálsamo para as almas, trazendo conforto e segurança mesmo nos momentos mais sombrios.

Assistência em Momentos Críticos

A assistência em momentos críticos envolve a atuação direta dos seres espirituais mais elevados para mitigar os desafios e perigos que surgem no caminho das almas. Sua intervenção pode se manifestar de maneira sutil ou milagrosa, trazendo soluções inesperadas e proteção contra ameaças iminentes. Sua presença é um farol de esperança nos momentos de desespero, oferecendo conforto e amparo diante das adversidades.

Além disso, a assistência em momentos críticos pode se manifestar por meio de insights e inspirações que guiam as ações e escolhas das almas, conduzindo-as para fora das situações de perigo e desequilíbrio. Os seres espirituais mais elevados atuam em perfeita sintonia com as necessidades individuais, oferecendo auxílio no momento exato em que é mais necessário.

Guardiões Espirituais

Como guardiões espirituais, esses seres assumem a responsabilidade de proteger e zelar pelo bem-estar das almas em sua jornada terrena. Sua presença amorosa e vigilante se estende por todas as dimensões, assegurando que cada passo dado pelas almas seja acompanhado de perto por sua orientação e proteção. Eles são os guardiões silenciosos que velam pelo sono das almas, garantindo que estejam sempre envoltas em amor e luz.

A atuação como guardiões espirituais envolve a proteção contra influências negativas e a orientação para que as almas sigam o caminho que as levará ao encontro de seu propósito e missão. Sua presença é uma âncora de segurança e proteção, permitindo que as almas se sintam amparadas e sustentadas em sua jornada de evolução espiritual.

Chamo-me Emerson Calejon, sou formado em Administração de Empresas, realizo pesquisas e sou autodidata em filosofia clássica e contemporânea. Sou estudante da espiritualidade e ciências humanas, possuo pós-graduação em psicologia existencial e psicanálise e tenho grande apreço pela escrita.

Publiquei um livro intitulado "Um olhar de misericórdia" voltado para a espiritualidade. Atualmente, estou lançando a história de "John River — O último desafio".

O que mais me traz felicidade é saber que sempre teremos novos desafios para enfrentarmos e continuarmos avançando em direção ao nosso progresso.

Agradeço!

"Ainda que eu falasse a língua dos Anjos e dos Homens, sem Amor, eu nada seria."

"Que Deus esteja com Todos."

Editora Home
2024

O HOMEM FRENTE AO EGO

Don't miss out!

Visit the website below and you can sign up to receive emails whenever Emerson Calejon publishes a new book. There's no charge and no obligation.

https://books2read.com/r/B-A-MZIIB-TVDID

BOOKS 2 READ

Connecting independent readers to independent writers.